12/13 Mars 1908

**VENTE**
**Des Jeudi 12, Vendredi 13**
**et Samedi 14 Mars 1908**
A 2 HEURES
HOTEL DROUOT. SALLE N° 11

EXPOSITION PUBLIQUE
**Le Mercredi 11 Mars 1908**
*De 2 heures à 6 heures*

# Vente après Décès de M. le Marquis DE LAMBERTYE

## BIJOUX, DIAMANTS

Argenterie

# Meubles & Bronzes d'Ameublement

**Des époques Louis XIV, Louis XV et Louis XVI**

## TABLEAUX, PASTELS, DESSINS, AQUARELLES, GRAVURES

**Anciens et Modernes**

## LIVRES

## PORCELAINES ANCIENNES

**Cadres en bois sculpté Louis XIII, Louis XIV et Louis XV**

OBJETS DE VITRINE, ÉVENTAILS ANCIENS, ETC., ETC.

COMMISSAIRE-PRISEUR
**Me Paul AULARD**
6, Rue Saint-Marc, 6

EXPERTS
**MM. PAULME et B. LASQUIN Fils**
10, Rue Chauchat — Rue Laffitte, 12

IMPRIMERIE MAULDE & RENOU

MAULDE, DOUMENC & Cie

IMPRIMEURS DE LA COMPAGNIE DES COMMISSAIRES-PRISEURS

*Rue de Rivoli, 144 — Paris*

# CATALOGUE

DES

# BIJOUX, DIAMANTS

ARGENTERIE ET ORFÈVRERIE

# Meubles & Bronzes d'Ameublement

***Des Époques Louis XIV, Louis XV et Louis XVI***

Petite Commode Louis XV en marqueterie de bois, signée DELORME

**SECRÉTAIRE EN ACAJOU LOUIS XVI, SIGNÉ GARNIER**

Pendules, Cassolettes, Flambeaux, Appliques en bronze et marbre

ÉPOQUE LOUIS XVI

## TABLEAUX, PASTELS, AQUARELLES, DESSINS, GRAVURES

**PASTEL (Portrait de Femme de l'École Française du XVIIIe siècle)**

**GRAVURES ANGLAISES ANCIENNES, AQUARELLES PAR GAVARNI**

## PORCELAINES ANCIENNES

En Saxe, Chine, Indes, Japon, Sèvres, Mennecy, Paris, Biscuits, etc.

OBJETS DE VITRINE, ÉVENTAILS ANCIENS, OBJETS DIVERS

## LIVRES

**DONT LA VENTE PAR SUITE DE DÉCÈS**

**De M. le Marquis DE LAMBERTYE-TORNIELLE**

AURA LIEU

## HOTEL DROUOT — SALLE N° 11

**Les Jeudi 12, Vendredi 13 & Samedi 14 Mars 1908**

A 2 HEURES PRÉCISES

---

Commissaire-Priseur

Me Paul AULARD, *Paris, 6, rue Saint-Marc*

Experts

*Pour les Meubles anciens, Tableaux et Objets d'art*

**MM. PAULME et B. LASQUIN Fils**

10, Rue Chauchat — Rue Laffitte, 12

*Chez lesquels se trouve le Catalogue*

---

**EXPOSITION PUBLIQUE**

**Le Mercredi 11 Mars 1908, de 1 heure 1/2 à 5 heures 1/2**

PARIS — 1908

## CONDITIONS DE LA VENTE

Elle sera faite **au comptant.**

Les Acquéreurs paieront **dix pour cent** en sus des enchères.

L'Exposition mettant le public à même de se rendre compte de l'état et de la nature des objets, il ne sera admis aucune réclamation une fois l'**adjudication prononcée.**

MAULDE, DOUMENC et Cie, imprimeurs de la Cie des Commissaires-Priseurs, rue de Rivoli, 144. 1250—46123

## ORDRE DE VENTE

### Premier Jour, Jeudi 12 Mars :

*Tableaux, Pastels, Gravures. Porcelaines, Bronzes, Objets de Vitrine et Meubles anciens.*

Du n° 1 au n° 125

### Deuxième Jour, Vendredi 13 Mars :

*Bijoux et Diamants, etc.*

Du n° 126 au n° 159

### Troisième Jour, Samedi 14 Mars :

*Orfèvrerie, Argenterie et Livres.*

Du n° 160 à la fin.

# Désignation

## Vacation du Jeudi 12 Mars

## TABLEAUX
## PASTELS, DESSINS ET GRAVURES
### ANCIENS ET MODERNES

BOUCHER (D'après François)

1 — Vénus et les Amours sur les nuages et sur les eaux.

Deux dessus de porte faisant pendants.

Cadres en bois sculpté de l'époque Louis XV

## ÉCOLE FRANÇAISE (XVIIIe siècle)

2 — Gracieux Portrait de jeune Femme de l'époque Louis XVI.

Vue presque de face, elle sourit. Ses cheveux poudrés sont tuyautés et coiffés d'une toque de velours bleu ciel avec fleurs. Elle est vêtue d'un corsage décolleté en satin avec nœud de ruban et tour de cou en mousseline de soie brodée.

Pastel de forme ovale dans un cadre en bois sculpté doré, fronton à nœud de ruban de l'époque Louis XVI.

## ÉCOLE HOLLANDAISE (XVIIe siècle)

3 — Troupeau au pâturage.

Paysage. Effet de soleil couchant.

Panneau.

## ÉCOLE FRANÇAISE (XVIIIe siècle)

4 — Deux Dessins : Étude de Chevaux, par VAN DER MEULEN, et un Paysage montagneux, attribué à J. VERNET.

5 — Le Passage du Gué et la Cueillette.

Deux dessins.

Aquarelles faisant pendants.

6 — Quatre Dessins, plume, sépia et sanguine : Lavandière et Enfant ; étude tête de Mercure ; Projet de plafond et une petite étude de Femme, genre d'EISEN.

7 — Études de Guerrier.

Deux dessins à la sanguine.

8 — Tête de Femme.

Dessin au crayon noir.

## GAVARNI

9 — Portrait-Caricature d'Homme en chapeau haut de forme, dans un paysage.

Aquarelle.

10 — Les Parisiens ; la Parisienne.

11 — Le Chemineau.

Deux aquarelles.

12 — The Countess Gower and the lady Elizabeth Lewenson Gower, d'après Th. Lawrence.

Gravure manière noire, gravée par Samuel Cousins.

Très bel état et toutes marges.

13 — Portrait de jeune Femme.

Les cheveux bouclés, en robe bleue, elle est assise les bras croisés dans un parc.

Belle et gracieuse gravure ancienne en couleur, de l'École anglaise.

14 — Portrait de la Duchesse de Nemours.

Gravure noire par DREVET, d'après H. RIGAUD.

15 — Deux Gravures par PICOT, dont l'Ile de Cythère, d'après A. WATTEAU.

16 — Marche comique.

Gravure par RAVENET, d'après PATER.

17 — Le Coucher.

Gravure noire avant toute lettre, avec grande marge, d'après VANLOO.

18 — Lot de trente-cinq Gravures, Portraits divers, dont vingt-cinq d'artistes de théâtre.

19 — Lot de vingt Gravures anciennes diverses.

20 — The Bouquet of Beauty.

Gravure d'après Ch. BOSTER, gravée par ROBINSON.

21 — The Stag at Bay.

Gravure d'après Edwin LANDSEER, gravée par Thomas LANDSEER.

# ANCIENNES PORCELAINES ALLEMANDES
# CHINE ET JAPON

---

22 — Groupe allégorique l'Automne, en ancienne porcelaine de Saxe, formé d'une figure de jeune Femme assise sur un tronc d'arbre auprès d'une corbeille de fruits et d'un amour sur une chèvre; terrasse à rocailles rehaussée de dorure.

23 — Groupe de deux Enfants dansant sur une terrasse à rocailles semée de fleurs, en ancienne porcelaine de Saxe.

24 — La Petite Marchande et le Petit Marchand de poissons, deux très petites statuettes en ancienne porcelaine de Saxe, décorée en couleurs.

25 — Petite Statuette de Femme drapée d'un manteau rose; elle tient une branche d'olivier et a un pigeon à ses pieds, en ancienne porcelaine de Saxe.

26 — Petite Statuette de Femme, en ancienne porcelaine de Saxe, vêtue d'un manteau rose à rayures, la main dans un panier de fleurs posé sur une console.

27 — Paire de Salières doubles, en ancienne porcelaine de Saxe, Marcolini, décorées en couleurs. Elles sont formées de deux paniers sur lesquels sont assis un garçonnet et une fillette; terrasses à rocailles.

28 — Tête-à-Tête, en ancienne porcelaine de Saxe, composé d'un plateau de forme contournée, deux tasses et soucoupes, un pot à lait, une théière à décor de fleurs en couleurs et bordure simulant la vannerie en relief.

29 — Trois Tasses et deux Soucoupes, en ancienne porcelaine de Saxe, fond rose à réserves de fleurs sur fond blanc.

30 — Un Flacon à thé, sept Tasses et huit Soucoupes, en ancienne porcelaine de Saxe décorée en couleurs de sujets galants, dans le goût de Lancret, et de fleurettes.

31 — Moutardier en forme de tonneau, avec couvercle, plateau et sa cuiller, en ancienne porcelaine de Saxe, décoré de fleurettes en couleurs.

32 — Deux Tasses, quatre Soucoupes et un Sucrier de forme lobée, en ancienne porcelaine de Saxe décorée de personnages dans des paysages.

33 — Huit Tasses et Soucoupes, en ancienne porcelaine de Saxe décorée de guirlandes de fleurs et bordures à lambrequins, fond rose rehaussé d'or.

34 — Deux petites Tasses mignonnettes, en ancienne porcelaine de Saxe, décorées de sujets galants et fleurettes avec rehauts d'or.

35 — Deux petits Hiboux, en ancienne porcelaine de Saxe décorée au naturel.

36 — Perroquet sur un tronc d'arbre, deux Pigeons, une Poule et quatre Oiseaux minuscules, en ancienne porcelaine blanche de Saxe.

37 — Deux Lièvres minuscules, en ancienne porcelaine blanche de Saxe.

38 — Quatre très petits Moutons et un Bouc, en ancienne porcelaine de Saxe décorée au naturel.

39 — Six petits Pots à crème avec couvercles, bordures imitant la vannerie en relief, en ancienne porcelaine de Höchst, décorés de fleurettes en couleurs.

40 — Quatre Corbeilles semblables de forme ovale à bords ajourés imitant la vannerie, décorées intérieurement de fleurs en couleurs, en ancienne porcelaine de Höchst.

41 — Grande statuette de Jeune Femme, allégorie de la poésie, avec un amour à ses pieds, en ancienne porcelaine de Berlin, décorée en couleurs.

42 — Groupe allégorique, en ancienne porcelaine de Berlin, décoré en couleurs, la science terrassant le temps.

43 — Statuette d'Enfant nu mangeant un fruit sur une terrasse carrée avec tronc d'arbre, en ancienne porcelaine de Frankenthal, décorée au naturel.

44 — Pot à lait, en ancienne porcelaine allemande, avec couvercle, décoré en couleurs, joueur de flûte dans un paysage.

45 — Terrasse en cuivre découpé avec branchages, en tôle peinte avec fleurs, en ancienne porcelaine, supportant deux chats en ancienne porcelaine allemande.

46 — Pot couvert de forme sphérique, en ancienne porcelaine de Chine décorée en émaux de couleurs, de fleurs de pivoine, fruits, vases, branchages, etc.

47 — Paire de très petits Vases, en ancienne porcelaine de Chine, de forme sphérique à col rétréci, décorés en émaux de couleurs, pivoines, avec insectes en dorure.

48 — Deux petites Tasses lobées à décor bleu et un Cendrier décoré en émaux de couleurs, en ancienne porcelaine de Chine.

49 — Petite Théière, en ancienne porcelaine de Chine, de forme étroite et cotelée, avec couvercle hexagonal, décor bleu sur blanc.

150 50 — Garniture de cinq très petits Vases, cornets et potiches, en ancienne porcelaine de la Compagnie des Indes, décor polychrome à réserves en émaux de couleurs.

51 — Petite Potiche, en ancienne porcelaine de la Compagnie des Indes, analogue à la précédente, différence dans le décor.

52 — Paire de Vases cornets, en ancienne porcelaine de la Compagnie des Indes, double de dimension et décor, semblables à ceux de la garniture n° 50.

53 — Soupière et son couvercle de forme ronde, en ancienne porcelaine du Japon, décor polychrome et branchages fleuris en émaux de couleurs.

54 — Petite Coupe, en ancienne porcelaine du Japon, décor polychrome, monture en bronze doré.

# ANCIENNES PORCELAINES FRANÇAISES

## TENDRES ET DURES

### Biscuits et Faïences

55 — Confiturier en ancienne porcelaine tendre de Sèvres, de forme triangulaire à bords contournés, avec trois pots couverts adhérents au plateau, décoré de lambrequins à rinceaux en dorure.

56 — Coquetier en ancienne porcelaine tendre de Sèvres, fond jaune avec bordure supérieure décorée de bleuets sur fond blanc, et filets circulaires couleur violette.

57 — Pot à fard en ancienne porcelaine tendre de Mennecy, avec son couvercle, décoré de fleurs en couleurs.

58 — Petite Théière de forme sphérique en ancienne porcelaine tendre de Mennecy, décorée de bouquets de fleurs en couleurs.

59 — Petit Pot à lait en ancienne porcelaine tendre de Mennecy, décoré de bouquets de fleurs en couleurs, avec rinceaux et fleurettes en camaïeu bleu au bec.

60 — Six Pots à crème à anse et couvercle en ancienne porcelaine de Boissette, décor de bouquets de fleurs en couleurs et bordures à dentelures en or.

61 — Pipe en ancienne porcelaine de Paris, décorée en couleur d'une figure de femme, et une petite tasse en porcelaine moderne.

62 — Combat d'un Ours contre une Meute de Chiens, groupe en ancienne porcelaine décorée au naturel (marq. P en rouge).

63 — Deux Singes en porcelaine décorée au naturel avec parties en biscuit.

64 — Deux Groupes faisant pendants, en ancien biscuit, Deux Enfants auprès d'un terrier donnent à manger à des lapins. Époque Louis XVI.

65 — Petite Statuette de baigneuse, en biscuit tendre de Lille. Époque Louis XVI.

66 — Important Groupe en biscuit. Renaud et Armide.

67 — Bustes de Henri II et Diane de Poitiers en ancien biscuit, sur socles fûts à bases carrées.

68 — Paire de Petits Vases forme antique à piédouche en ancien biscuit décoré de guirlandes de fleurs en relief et anses à têtes de béliers.

69 — Statuette d'homme, en ancien biscuit, tenant une grappe de raisins.

70 — Porte huilier en ancienne faïence de Niederwiller, de forme ovale à anses, les côtés ajourés, décoré de médaillons ovales en camaïeu rose et cornes avec branches d'olivier et raisins.

71 — Statuettes de berger et bergère en ancienne faïence de Niederwiller, décorées en couleur.

72 — Grande Statuette de femme en ancienne faïence, décorée en couleurs.

73 — Paire de Petits Souliers en ancienne faïence de Delft, décor bleu à bouquets de fleurs.

74 — Paire de Compotiers ronds en ancienne faïence de Strasbourg, décor polychrome.

# OBJETS DIVERS ANCIENS

## Cadres en bois sculptés

75 — Thermomètre-Baromètre de forme pyramidale, en acajou avec encadrement de perles en bronze doré, et socle d'appui de forme rectangulaire. Époque Louis XVI.

76 — Encrier formé d'une mappemonde avec pied sur base carrée en fer, avec guirlandes détachées de fleurs en bronze doré. Époque Louis XVI.

77 — Deux petits panneaux de porte de meuble en bois sculpté. Époque Louis XIII.

78 — Glace dans un beau cadre en bois sculpté doré de l'époque Louis XIV, à ornements de rameaux de feuillages et godrons, avec cartouches dans les angles et les milieux.

79 — Cadre en bois sculpté redoré, à coins formés de larges feuillages. Époque Louis XIII.

80 — Cadre rectangulaire en bois sculpté doré à rameaux de feuillages. Époque Louis XIV.

81 — Petit Cadre rectangulaire en bois sculpté doré, de l'époque Louis XIV, richement ornementé de feuillages et arabesques en relief sur fond de losanges en gravure.

82 — Cadre en bois sculpté doré, de l'époque Louis XIV, à ornements de figure de Phebus, Dauphins, coquillages, oiseaux et écusson.

83 — Petit Cadre rond en bois sculpté doré. Époque Louis XIII.

84 — Groupe en ivoire, bergers avec troupeaux de moutons, deux cadres à miniatures en cuivre doré et un petit émail ovale, portrait de jeune femme.

85 — Plumier persan en bois peint au vernis et incrustations de nacre à l'intérieur.

86 — Grand Couteau catalan avec manche de corne incrustée d'ivoire à figures et rameaux de feuillages.

87 — Sabre droit oriental avec poignée en fer damasquiné d'or, XVII$^{e}$ siècle.

88 — Canne en bambou avec pomme formée d'une tête d'homme, en métal doré.

# OBJETS DE VITRINE

## Éventails anciens — Bijoux

89 — Éventail de l'époque Louis XV avec feuille en ivoire peinte au vernis Martin, sur un côté joueur de raquettes dans un parc, au revers joueur de flûte au bord d'un lac.

90 — Éventail de l'époque Louis XVI, avec feuille en soie, peinte à la gouache à deux et trois réserves, sujet galant et attributs de musique avec encadrement de motifs en paillettes d'or. Belle monture en ivoire découpé à jour, à sujet pastoral et amours avec incrustation d'or et d'argent.

91 — Deux petits Éventails anciens, l'un en écaille blonde découpée à jour et peint, orné de guirlandes roses ; l'autre en ivoire découpé à jour.

92 — Petite Montre en or émaillé, de l'époque Louis XVI.

93 — Paire de Pendentifs en or pavé de strass à fleurs et nœuds de rubans. Normandie, XVIIIe siècle.

94 — Agrafe en argent ciselé ajouré, avec incrustations d'or, ornements de fleurs, XVIIIe siècle.

95 — Croix du Saint-Esprit en argent doré orné de strass. Normandie, xviiie siècle.

96 — Pendentif formé d'un cœur en argent ajouré, orné de roses. Normandie, xviiie siècle.

97 — Boucle formée d'une plaque en argent avec blason et un cartouche, portant le mot « Inri » et une boucle antique en bronze.

98 — Petit Pot à Lait en argent repoussé du xviiie siècle.

99 — Navette en nacre, le dessus des côtés laqués bleus avec incrustations d'or à la bordure. Époque Louis XVI.

100 — Coquille en nacre sculptée, représentant la Cène.

101 — Boîte de forme carrée avec couvercle bombé en laque d'or du Japon, avec applications de nacre, décorée sur le couvercle de deux paons et sur les côtés de roseaux et insectes.

102 — Coupe à pied en verre gravé, du xviiie siècle.

103 — Chapelet en cristal de roche, croix et boules séparées par des petits cabochons en émail et pierres de couleur, xvie siècle.

104 — Trois Boîtes, dont une ronde en émail avec intérieur en argent doré, et deux de forme ovale en ancien émail vert et en lapis-lazuli et cuivre doré.

105 — Quatre Boîtes, dont trois rondes et une ovale en émail avec intérieurs en cuivre doré.

## BRONZES D'AMEUBLEMENT ANCIENS

106 — Pendule, en bronze ciselé doré, de l'époque Louis XVI, le sujet d'après l'opéra comique *le Déserteur*, le cadran est surmonté d'un trophée de drapeaux et attributs militaires.

107 — Paire de Cassolettes en marbre blanc et bronze doré à trépied de faunes et têtes de femmes reliées par des guirlandes de perles, base ronde en marbre bleu turquin, couvercle avec feuille et grappe de vigne comme bouton. Époque Louis XVI.

108 — Paire de Candélabres de l'époque Louis XVI, à trois lumières, formés chacun d'une statuette de femme en bronze patiné supportant un branchage porte-lumière en bronze ciselé doré, base carrée en marbre rouge.

109 — Paire de Flambeaux en marbre blanc et bronze finement ciselé doré à rinceaux ajourés. Époque Louis XVI.

110 — Paire d'Appliques à deux lumières, en bronze ciselé doré, modèle à nœud de ruban et corne d'abondance, cul-de-lampe de feuillages duquel partent deux branches porte-lumières. Époque Louis XVI.

111 — Lot de Bronzes ciselés dorés, provenant de meubles et pendules, des époques Louis XIV, Louis XV et Louis XVI.

## MEUBLES ANCIENS

112 — Grande Commode de forme contournée en marqueterie de bois de violette, ouvre à trois rangs de tiroirs, richement ornée de bronzes ciselés dorés. Dessus de marbre. Époque Louis XIV.

113 — Régulateur en bois noir orné de bronzes ciselés dorés à rocailles et feuillages. Epoque Louis XV, cadran signé : Deveberie, à Paris.

114 — Commode Louis XIV en marqueterie de Boule.

115 — Vitrine à hauteur, d'appui en bois d'ébène à filets de cuivre incrustés, ornée de bronzes ciselés dorés. Époque Louis XIV.

116 — Table Toilette de l'Époque Louis XV en marqueterie de bois de couleur, de forme contournée et galbée, à quatre tiroirs sur le devant et quatre pieds cambrés.

117 — Petite Commode de forme galbée en marqueterie de bois de rose et violette à fleurs, sur la face et les côtés, ouvre à deux tiroirs, ornée de bronzes ciselés dorés. Estampille de Delorme, maître ébéniste. Dessus de marbre de couleur. Époque Louis XV.

118 — Chiffonnier de forme étroite en marqueterie de bois de rose et violette à six rangs de tiroirs. Dessus de marbre rouge. Epoque Louis XV.

119 — Bureau plat de forme contournée à quatre, pieds cambrés en bois de placage, dessus de cuir. Époque Louis XV.

120 — Bonnetière Normande en chêne sculpté, avec porte vitrée à sa partie supérieure. Époque Louis XVI.

121 — Petit Secrétaire en acajou de l'époque Louis XVI, en acajou orné d'encadrement de baguettes à enroulement de ruban, et perles avec fleurs de marguerites dans les angles, tablier et sabot en bronze finement ciselé, doré, ouvre à un tiroir supérieur, abattant et deux portes inférieures, et six tiroirs intérieurs. Dessus de marbre brèche et galerie. Estampillé de P. Garnier.

122 — Table de Nuit de forme ovale en acajou à quatre pieds et tablette d'entrejambe de forme rognon, ouvre à une porte cintrée simulant trois tiroirs. Dessus de marbre à galerie. Époque Louis XVI.

123 — Petite Table desserte, en acajou à cinq tablettes d'entrejambe de forme carrée et cannées. Époque Louis XVI.

124 — Petite Étagère en bois d'ébène et moulures en ivoire, à cinq tablettes en verre et fond de glace, fronton en bois sculpté doré.

125 — Paravent à cinq feuilles en soie japonaise, couleur bleue, brodée d'or.

## Vacation du Vendredi 13 Mars

# BIJOUX

126 — Une Étoile à seize branches, formée au centre par un très gros brillant légèrement teinté, les branches en brillants et roses.

127 — Une importante Parure de corsage en joaillerie, branche et fleurs d'églantines, brillants et roses.

128 — Sept Fleurs d'églantines en brillants et roses.

129 — Une paire de Boutons d'oreilles solitaires en brillants.

130 — Une paire de Pendeloques, formée chacune au centre d'un gros brillant en forme de poire, avec entourage en brillants.

131 — Une Bague ornée d'un brillant et deux rubis.

132 — Une Épingle de cravate turquoise, forme poire, entourée de petits brillants et une Pendeloque en turquoise, monture en or.

133 — Un Médaillon en or avec ornements de feuilles et boutons de roses, en brillants et roses et *perles roses*.

134 — Une petite Broche émail, ornée de douze brillants.

135 — Une petite Broche croissant en brillants et roses.

136 — Une Broche, forme brioche, en or, ornée de perles, brillants et roses.

137 — Un Bracelet porte-bonheur en or, orné de vingt-quatre perles fines et de roses.

138 — Un Bracelet en or de couleur, orné d'une perle.

139 — Un Bracelet en tissu d'or, orné de deux barrettes en perles fines et roses.

140 — Un Bracelet tissu d'or, avec boucle en rubis.

141 — Un Bracelet en or, orné de turquoises et perles.

142 — Un Bracelet en or repercé.

143 — Un Bracelet porte-bonheur en or, orné d'un serpent enroulé et un autre Bracelet porte-bonheur (Notre-Dame de Bon-Secours).

144 — Un petit Bracelet tissu d'or et de platine.

145 — Un Bracelet gourmette en or, orné de six médaillons.

146 — Une Bague, trois joncs d'or, en perles fines, brillants et roses et turquoises.

147 — Une Bague jonc ornée d'une perle fine et de deux brillants.

148 — Une Bague en or ornée de cinq roses.

149 — Une Tabatière Louis XVI, en or.

150 — Une Montre et sa Chaîne et une Broche, le tout en or et émail, ornés de roses.

151 — Une Montre de dame en or.

152 — Une Chaîne de gilet et une Alliance en or.

153 — Quatre Chaînes et Chaînettes en or.

154 — Une Broche, trois Médaillons et une paire de Boucles d'oreilles en or, ornés de camées.

155 — Une paire de Boucles d'oreilles et une Bague, or et turquoises.

156 — Une paire de Boucles d'oreilles, quatre Bagues, or et perles.

157 — Deux Colliers en or.

158 — Six Épingles de cravate en or.

159 — Un lot de menus Bijoux or et argent.

## Vacation du Samedi 14 Mars

# ARGENTERIE

(Environ 60 kilogrammes)

*Les lots ci-après pourront être divisés*

160 — Une Caisse d'argenterie contenant :

1 Service à découper,

1 Service à poisson,

6 Pièces hors-d'œuvre, 1 Cuillère à ragoût,

1 Pelle à glace, 2 Couteaux à fromage,

1 Manche à gigot,

1 Pince à asperges, 2 Pelles à fraises,

2 Cuillères à sauce, 2 Fourchettes à huîtres,

60 Couverts ordinaires,

48 Couverts à entremets,

5 douzaines de Fourchettes,

24 Pelles à sel.

2 Pelles à moutarde,

2 Pinces à sucre, 2 Cuillères à sauce,

1 Passoire à sucre,

4 douzaines de Cuillères à café.

Le tout pesant 23 kil. 980 gr.

161 — Une Caisse contenant :

1 Cafetière, 1 Théière, 1 Sucrier, 1 Bol à crème, 1 Pot à lait, 2 Pots à moutarde, 12 Salières, 1 petite Cafetière, 8 Plats ronds, 2 Légumiers, 1 Samovar et son réchaud, 2 Saucières.

12 Dessous de carafes.

Un Samovar avec son réchaud et sa lampe.

1 Brosse à pain, 6 Brochettes.

Le tout pesant 20 kil. 500 gr.

162 — Quatre Seaux à glace et à rafraichir, pesant ensemble 13 kil. 920 gr.

163 — 120 Couteaux ordinaires, manches argent, lames acier.

164 — 48 Couteaux à dessert, manches argent, lames acier.

165 — 48 Couteaux à fruits, manches et lames argent.

166 — Un Plat creux ovale.

167 — Un Nécessaire de voyage contenu dans une boîte en chêne, tous les accessoires sont en argent anglais.

168 — Huit dessous de Carafes en argent anglais.

## MÉTAL

169 — Une Cloche à rôti et son plateau.

170 — Six Coupes à fruits.

171 — Une Coupe en métal doré et repoussé.

172 — Un Sucrier en métal anglais, Ronds de serviettes, Boîte à encens, etc.

## LIVRES

*Les Livres seront vendus à la suite de l'Argenterie, avec l'assistance de*

**M. GUISLE, Libraire-Expert, 13, rue de Seine.**

173 — **Bertall.** La Vie chez soi. *Paris, Plon*, 1876. 3 vol. in-4.

174 — **Boccace.** Les Contes. *Londres*, 1779. 10 vol. in-12, avec fig. de Gravelot.

175 — **Buffon.** Œuvres complètes. *Paris. Garnier.* 12 vol. grand in-8.

176 — **Duplessis**. Histoire de la Gravure, *Paris, Hachette*, 1880. 1 vol. in-4.

177 — **Introduction à la Révolution des Pays-Bas**. 1754. 1 vol. in-12, rel. maroq. rouge, avec armoiries sur les plats.

178 — **La Normandie monumentale et pittoresque**. In-fol. en livr. *Le Havre*.

179 — **Patte.** Monuments érigés en France à la gloire de Louis XV, *Paris*, 1762. 1 vol. in-fol.

180 — **Perrault.** Les Contes, illustrés par Gustave Doré. In-fol. cart., n. rog.

181 — **Petitot.** Les Émaux du Musée Impérial du Louvre. *Paris*, 1862. 2 vol. in-4.

182 — **Racinet**. Le Costume historique. *Paris, Firmin-Didot*. 20 fasc. en cart.

183 — **Rousselet** L'Inde des Rajahs. *Paris, Hachette*, 1873. 1 vol. in-4.

184 — **Sem.** Monte-Carlo ; les Acacias, etc. 4 albums in-fol.

185 — **Weïrother**. Son Œuvre. *Paris*, *Basan*. 1 vol. in-fol.

186 — Sous ce numéro seront vendus environ 500 volumes Histoire et Littérature.

www.ingramcontent.com/pod-product-compliance
Ingram Content Group UK Ltd.
Pitfield, Milton Keynes, MK11 3LW, UK
UKHW020517180726
13839UKWH00005B/2150

9 782329 486352